Tuva Yayıncılık
www.tuvayayincilik.com

Address: Merkez Mah. Cavusbasi Cad. No:71
Cekmekoy 34782
Istanbul - TURKEY
Tel: +9 0216 642 62 62 **Fax:** +9 0216 642 62 63

Cross Stitch Sampler Book

First Print: 2013 / May - Istanbul
Second Print: 2014 / September - Istanbul

All global copyrights belongs to
Tuva Tekstil San. ve Dış Tic. Ltd. Şti.

Language: English

Content: Cross Stitch

Editor in Chief: Ayhan DEMİRPEHLİVAN
Project Editor: Kader DEMİRPEHLİVAN
Designer: Susan BATES
Technical Advisor: K. Leyla ARAS
Graphic Design: Ömer ALP, Büşra ESER
Asistant: Kevser BAYRAKÇI

All rights reserved. No part of this publication shall be reproduced by any means and for any purpose, stored or published electronically or mechanically, in retrieval engines as photocopy, through recorder or other means without prior written consent of the publisher. The copyrights of the designs in this book are protected and shall not be used for any commercial purpose.

ISBN: 978-605-5647-46-9

Printing House
Bilnet Matbaacılık - Biltur Yayın ve Hizmet A.Ş. Dudullu Organize Sanayi Bölgesi 1. Cadde No:16 - Ümraniye
Istanbul / TURKEY

twitter.com/TuvaYayincilik

facebook.com/TuvaYayincilik

pinterest.com/TuvaPublishing

Susan Bates

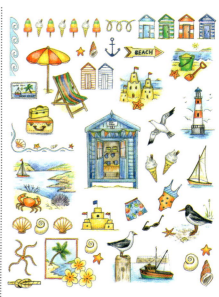

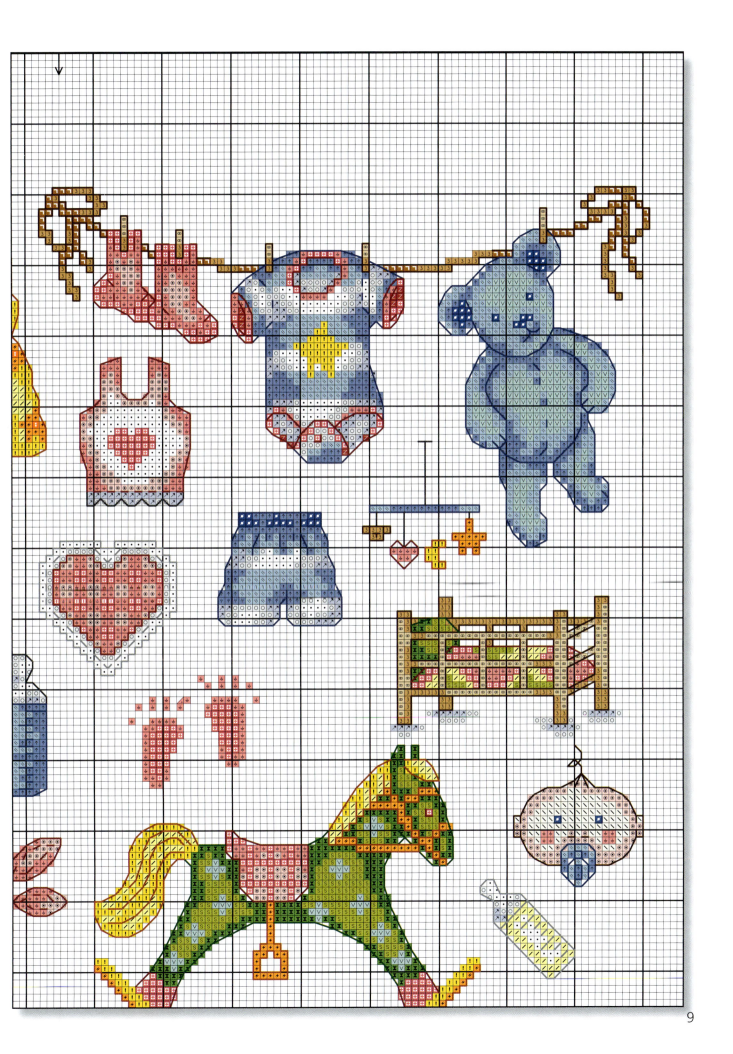

Celebrations

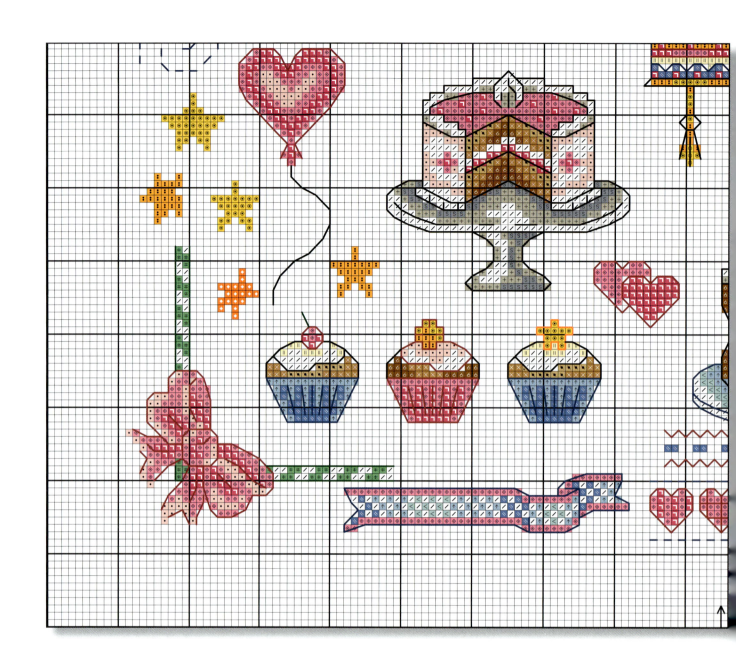

Mouliné
Stranded Cotton Art. 117

Cross Stitch

								Backstitch	
	602		747		972		318		816
	604		434		726		317		803
	818		436		3823		911		3371
	799		738		Blanc		954		970
	800		970		3024		369		3818

Sewing Motifs

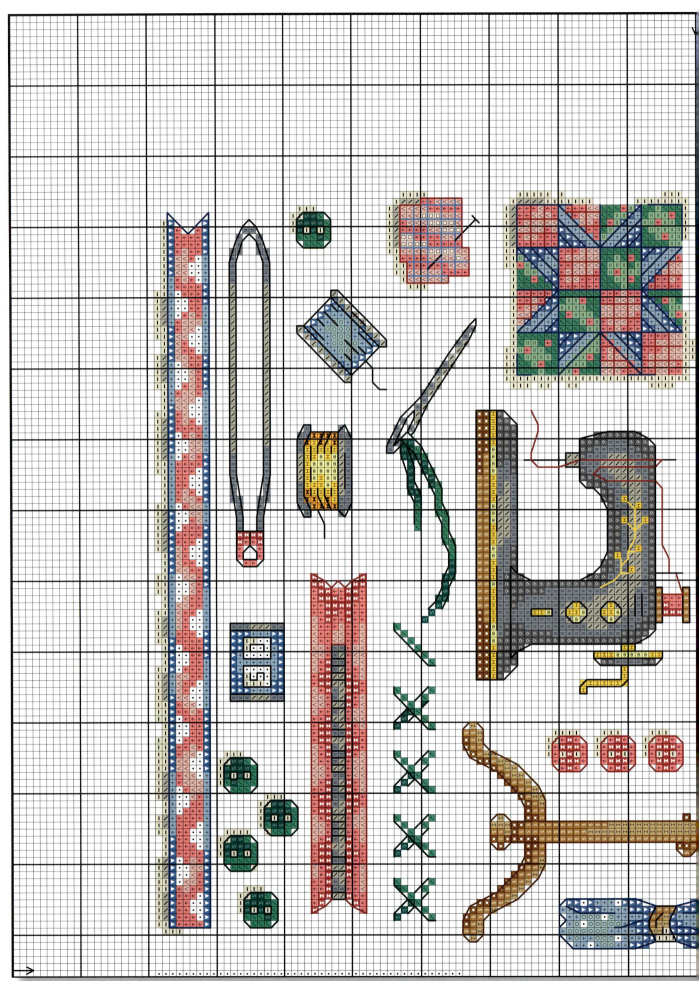

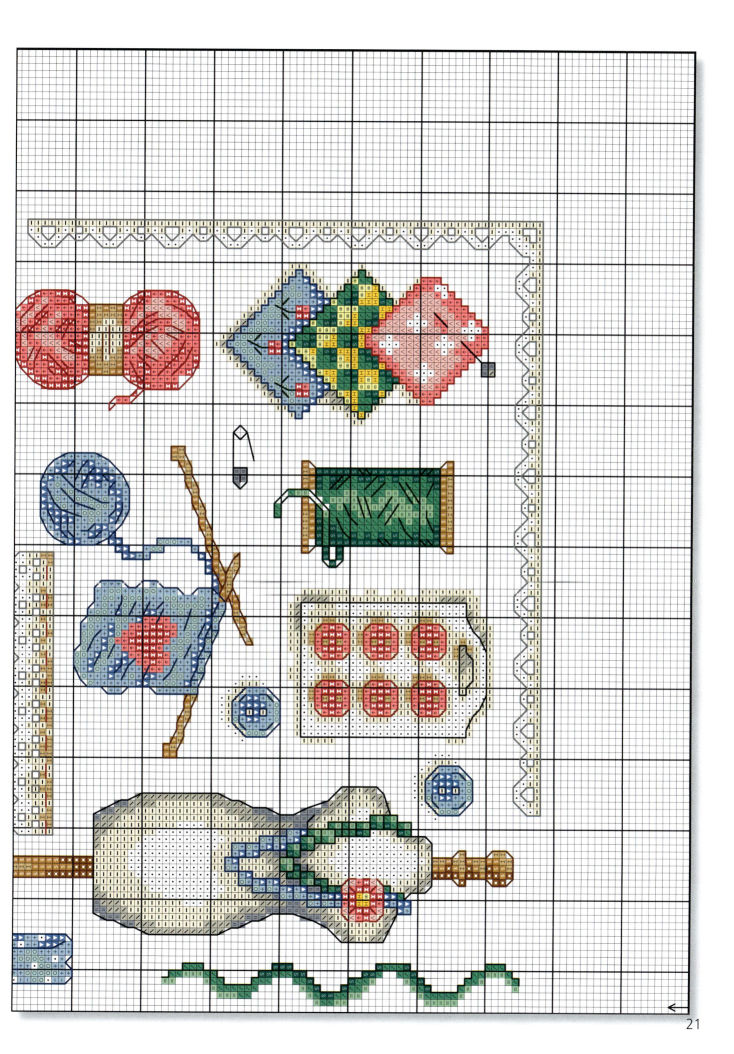

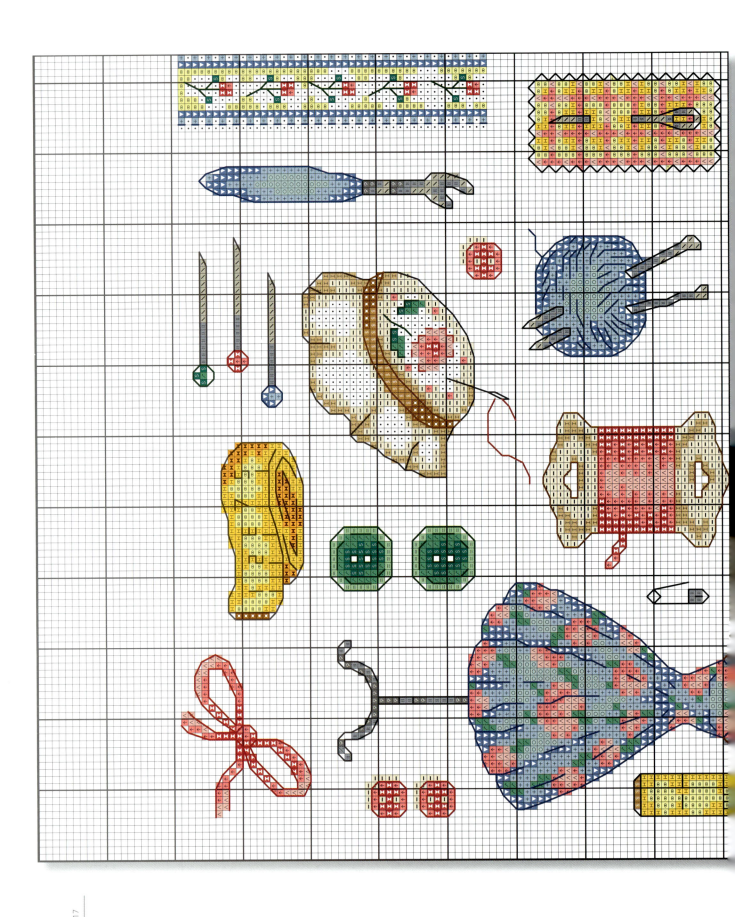

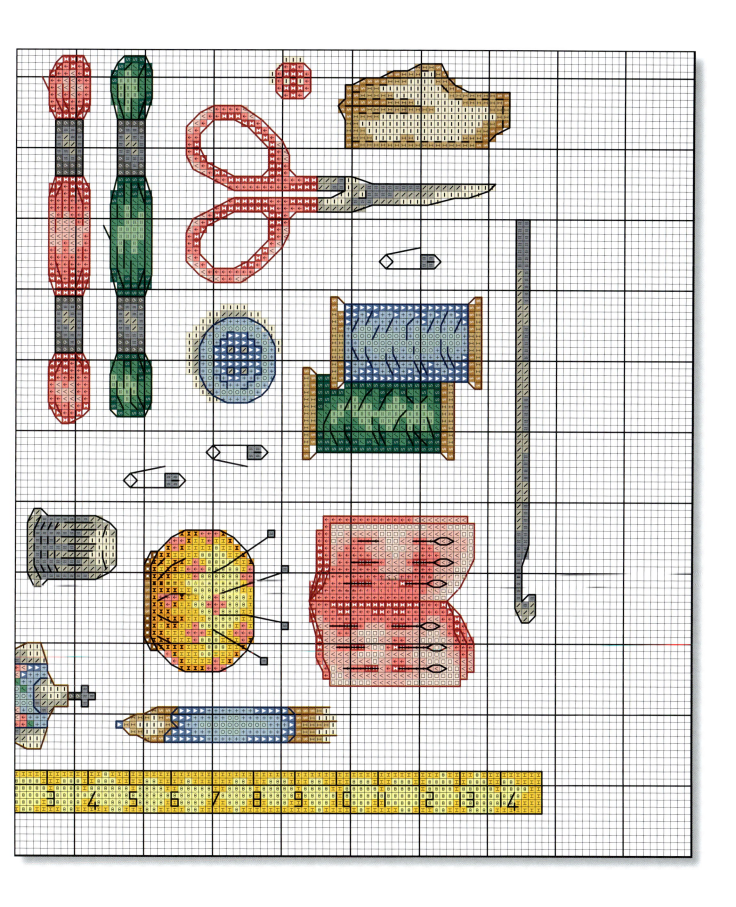

Mouliné
Stranded Cotton Art. 117

Cross Stitch

	435		Blanc		947		747
	437		3024		722		911
	3823		318		967		954
	3822		317		334		772
	3820		349		800		

Backstitch

	898
	310
	815
	803
	3818

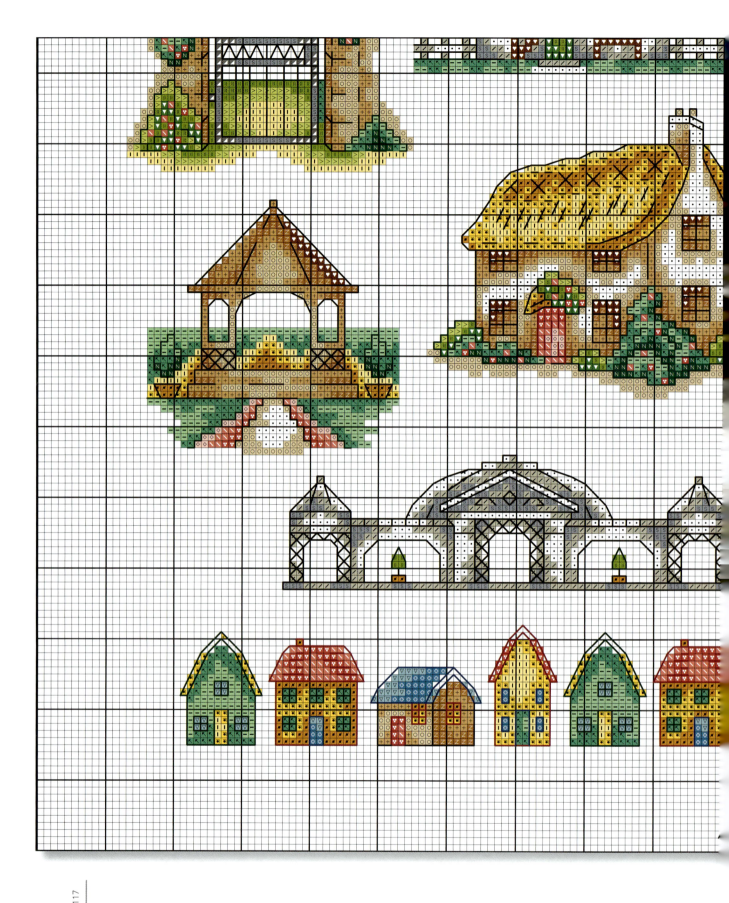

Cross Stitch

▨	349	▨	3072	▨	712	▨	3756	▨	703	▨	3078
▨	3340	▨	Blanc	▨	792	▨	369	▨	700
▨	3824	▨	434	▨	809	▨	954	▨	946
▨	317	▨	436	▨	209	▨	505	▨	741
▨	318	▨	738	▨	3747	▨	472	▨	726

Backstitch

╲	3777
╲	310
╲	898
╲	823
╲	500

Objects

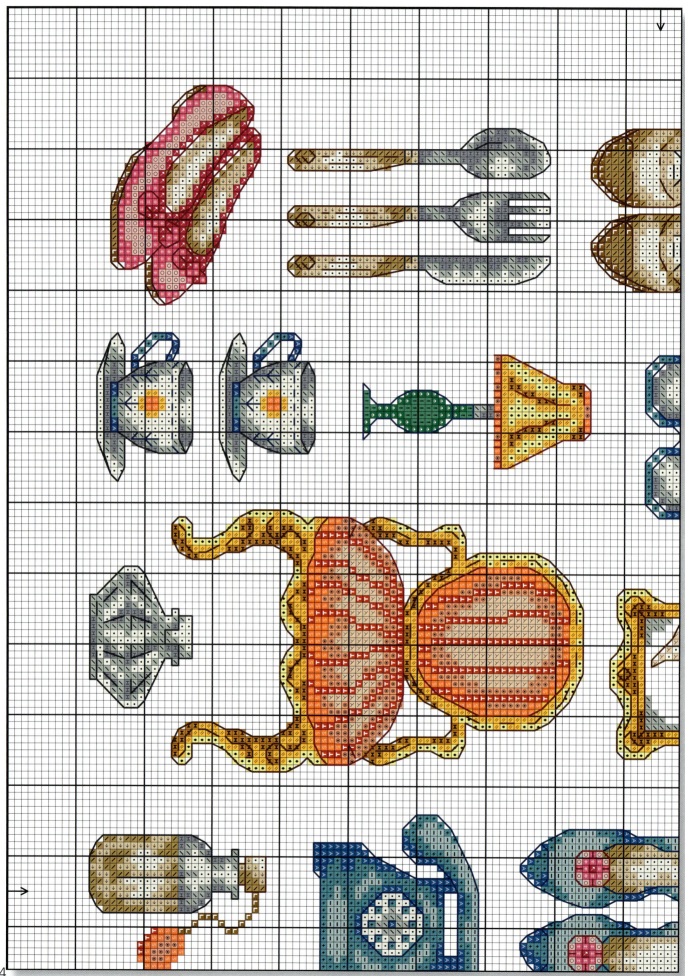

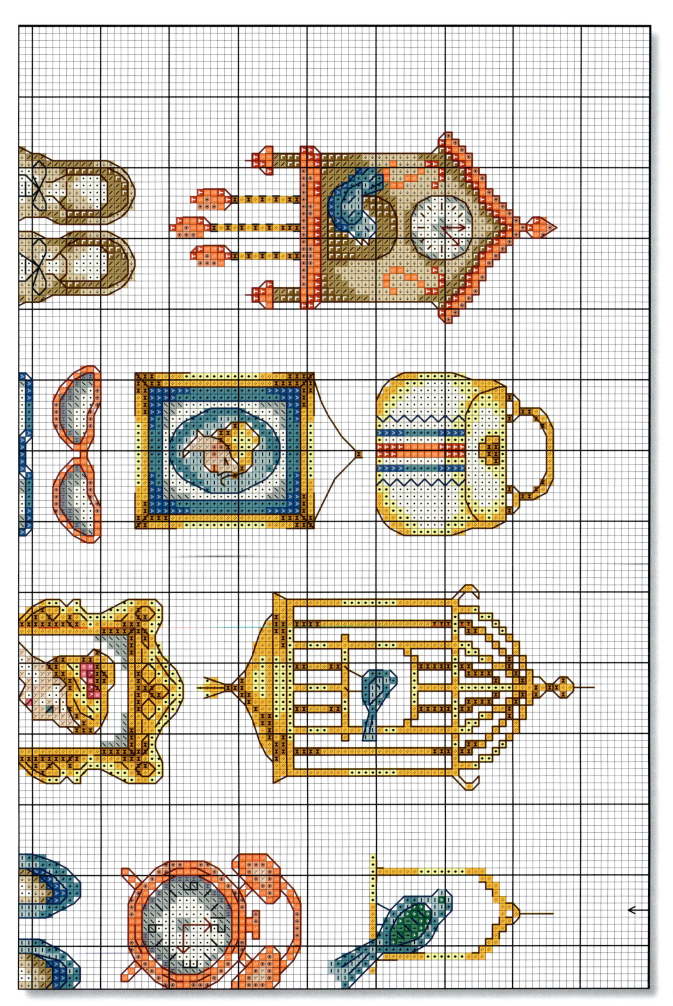

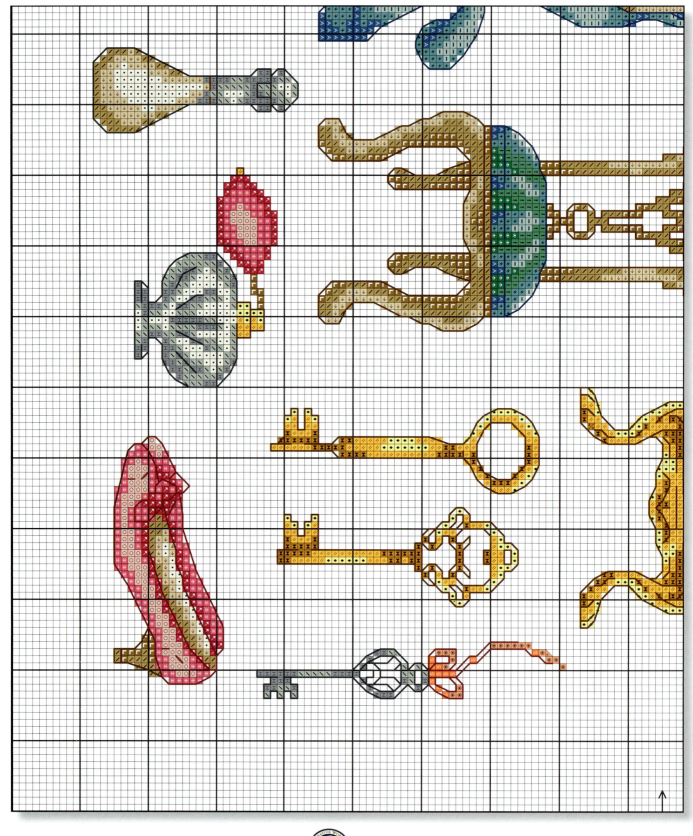

Cross Stitch

826	943	3340	3078	601	420	318			
3766	993	3824	725	603	422	928			
747	349	3774	783	3713	739	3865			

Backstitch

803	3799
815	
898	

Mouliné
Stranded Cotton Art. 117

46

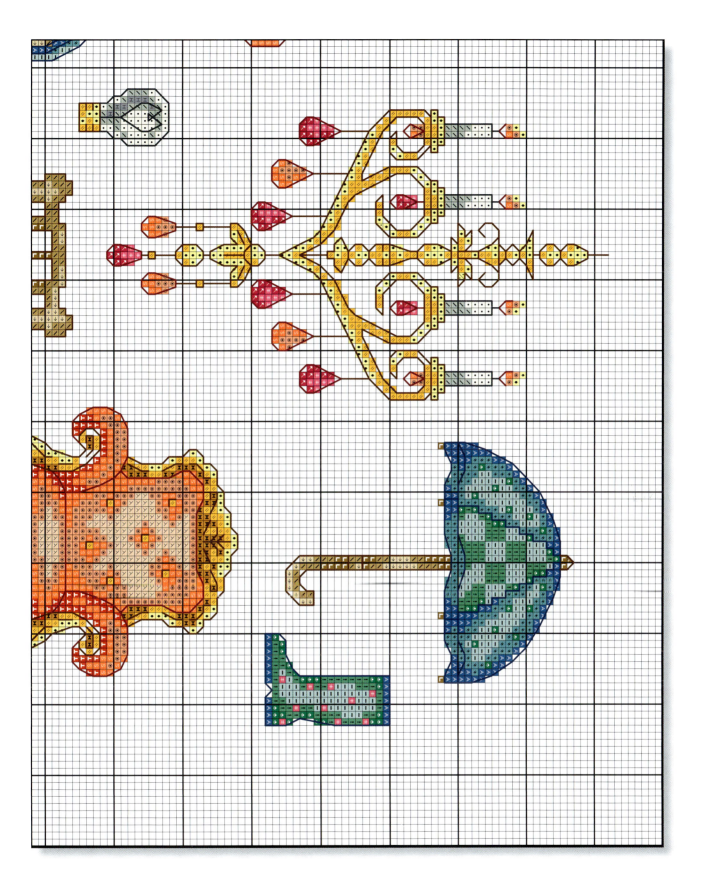

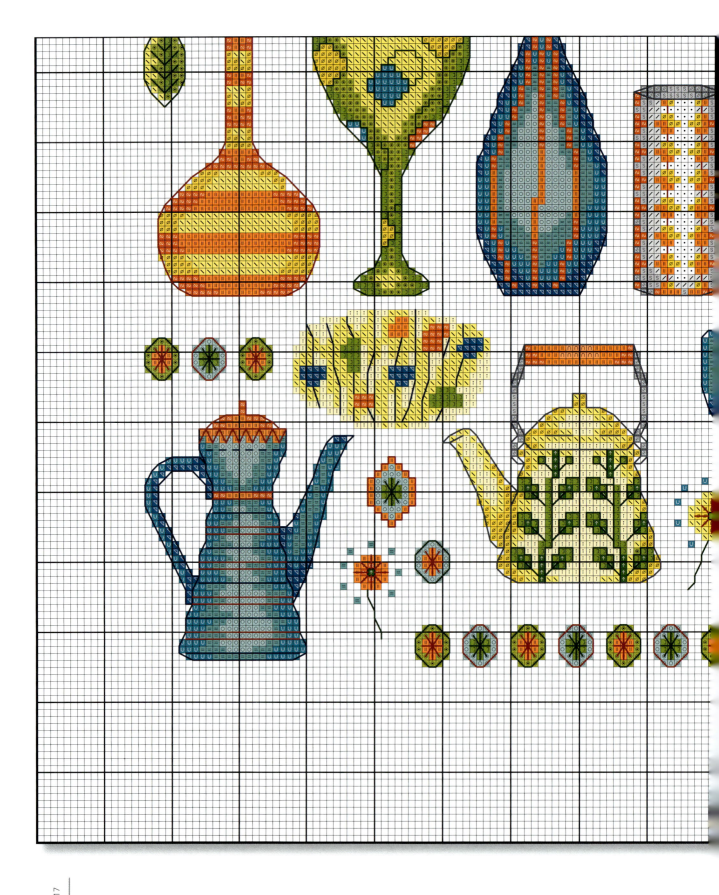

Sealife

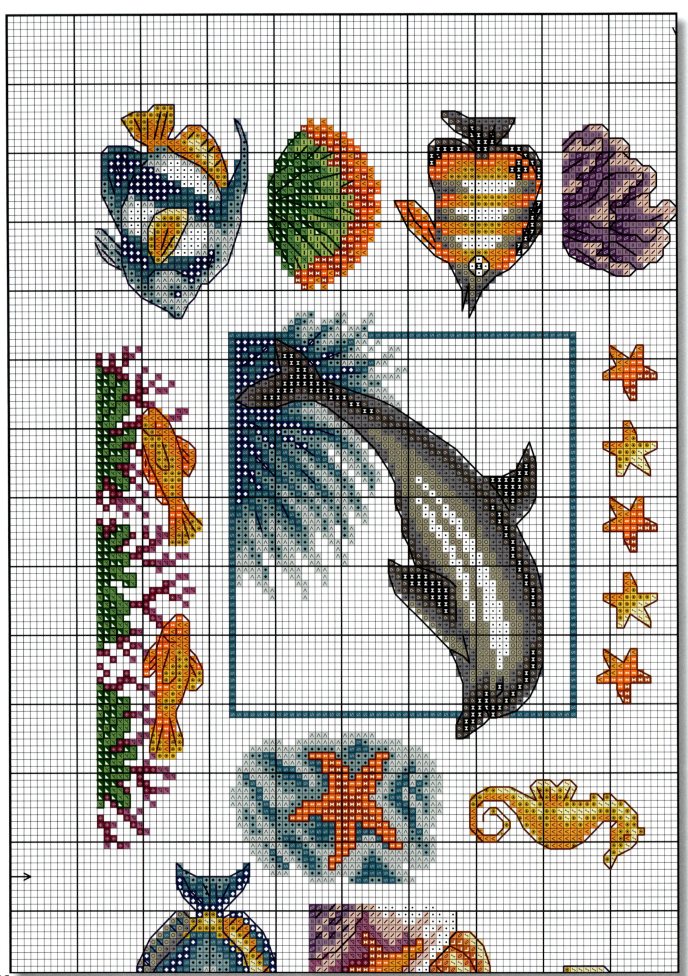

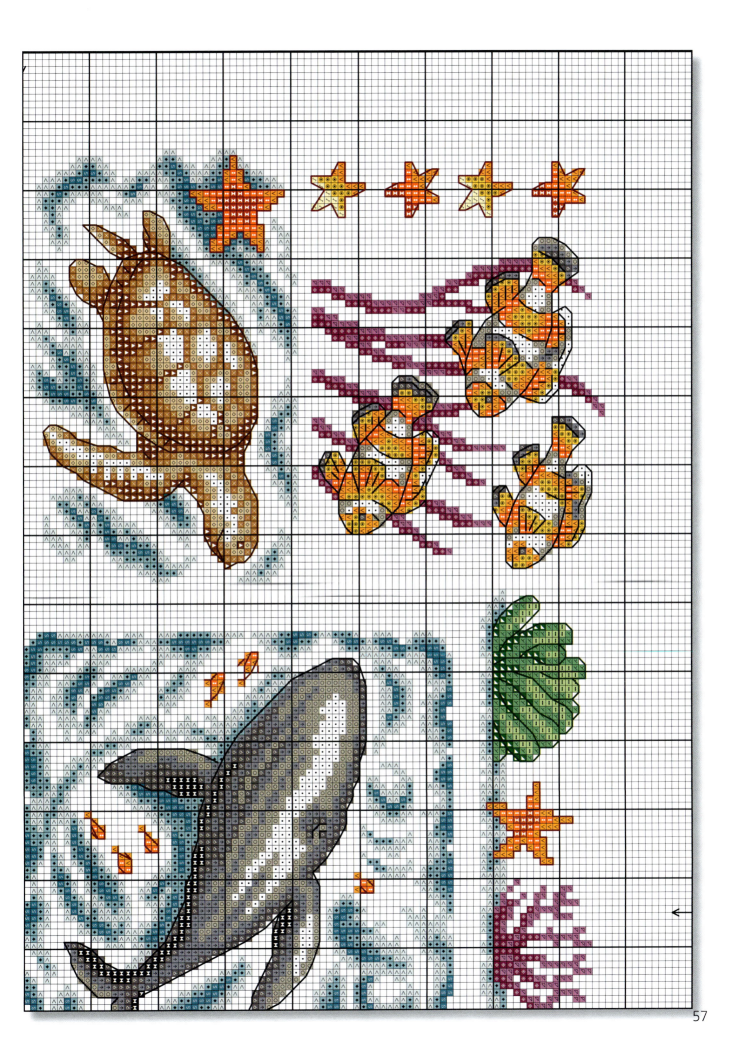

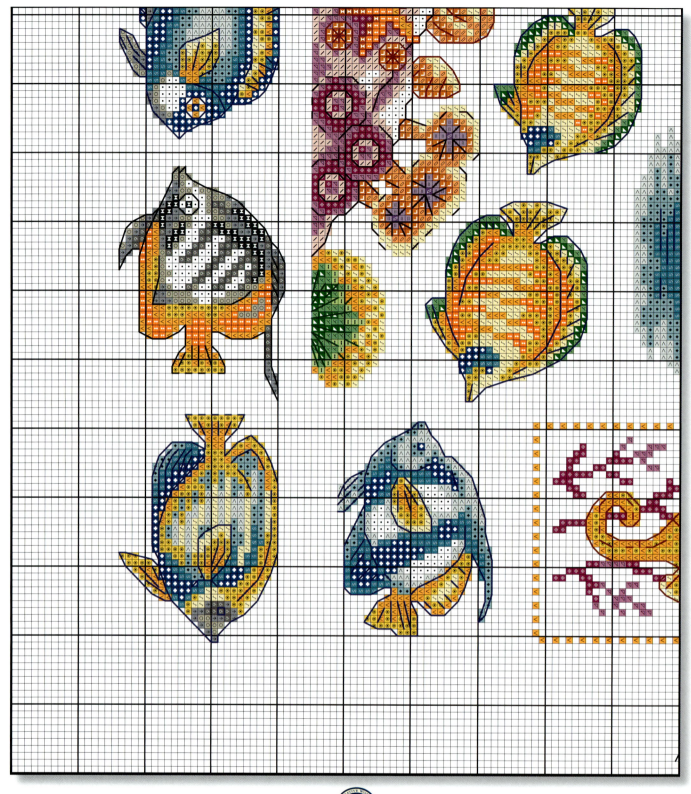

Mouliné
Stranded Cotton Art. 117

Cross Stitch

	434		318		900		911		818		3761
	436		3024		740		954		3608		3756
	739		Blanc		972		772		917		
	3799		3825		726		208		825		
	317		922		3823		210		807		

Backstitch

	898		154
	310		820
	815		
	3818		

58

Birds and Flowres

Cross Stitch

| 517 | 3766 | 747 | 955 | 913 | 911 | 704 | 165 | 869 | 3045 | 676 | 3716 | 961 | 720 | 740 | 742 | 726 | 3078 | 3607 |

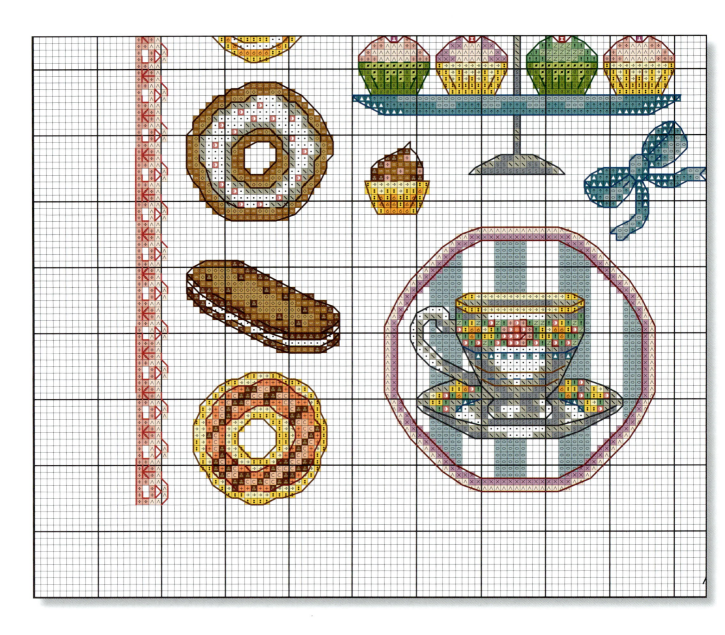

Mouliné
Stranded Cotton Art. 117

Cross Stitch						Backstitch	
✗✗	309	∴	B5200	✢✢	3823	╲	815
	3833	▲▲	3810	ZZ	369	╲	309
✢✢	761	↑↑	3766	!!	954	╲	3799
^^	819	∘∘	828		907	╲	B5200
✗✗	3609		433		165	╲	3842
	3607		435	SS	318	╲	938
	351	∘∘	437	╲╲	3024	╲	433
++	3341		740	⋮⋮	726	╲	699
CC	967	66	742				

Toys and Games

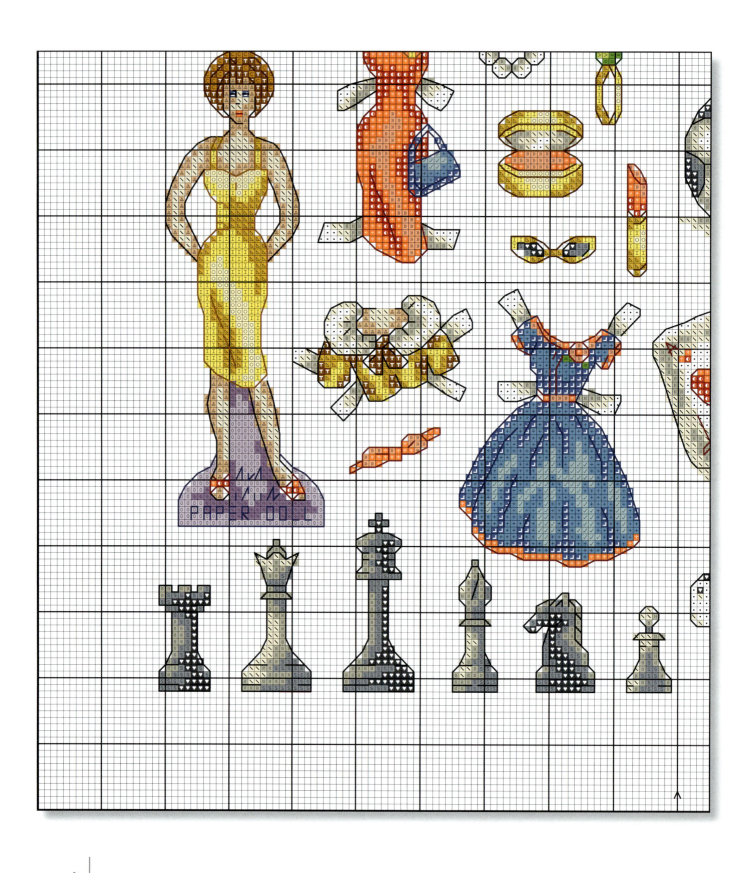

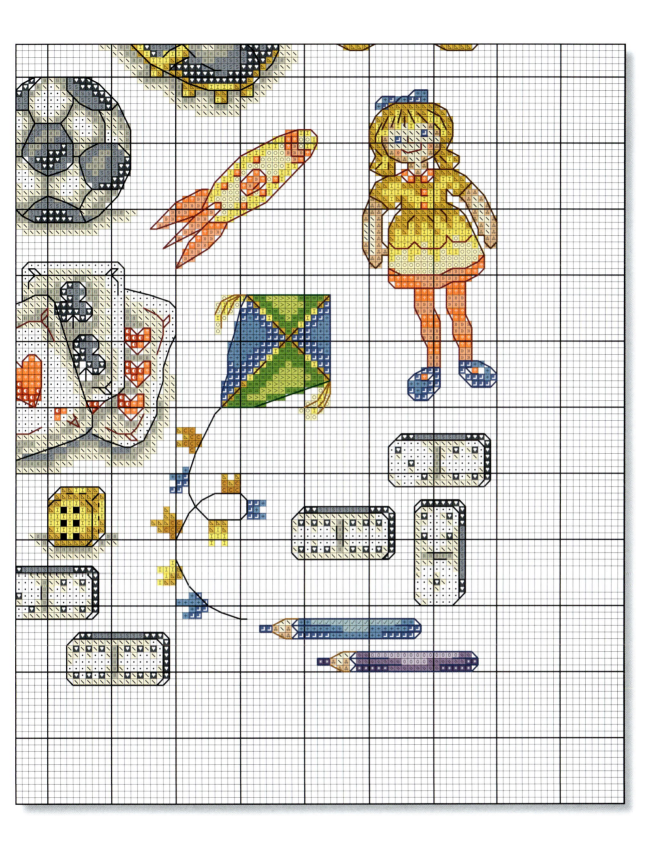
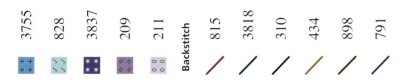

Mouliné
Stranded Cotton Art. 117

Cross Stitch **Backstitch**

⊗⊗	782	TT	815	↓↓	907	❄❄	3746	╲	433
◊◊	676	××	606	∨∨	165	◊◊	341	╲	782
33	168	←←	353	✻✻	562	II	3756	╲	413
∕∕	762	∘∘	740	✓✓	564			╲	815
∴∴	B5200	SS	972	⌐⌐	772			╲	726
♥♥	3832	==	726	◆◆	3837			╲	319
↑↑	3326	∖∖	3078	II	209			╲	550
∘∘	819	⊏⊐	702	→→	211				

82

Mouliné
Stranded Cotton Art. 117

Cross Stitch

■	701	╱	973	╲	3024	○	Ecru	S	899
3	704	E	742	:	3865	♥	517	▶	761
□	3819	✦	740	■	434	✕	519	=	819
↑	166	◀	606	★	436	⊂	747	✶	209
♡	3078	⊥	3022	I	738	▲	309	▼	552

Backstitch

╲	890	╲	336
╲	469	╲	815
╲	3799		
╲	898		

88

Woodland

Mouliné
Stranded Cotton Art. 117

Cross Stitch   **Backstitch**

	937		783		954		553		869	890
	470		349		772		760		3828	815
	472		3340		701		3713		738	3834
	3823		3824		704		3865			869
	744		911		554		828			938